VENTE

Du Mardi 18 Juin 1912

HOTEL DROUOT, SALLE N° 7

A DEUX HEURES

❋

TABLEAUX

ANCIENS ET MODERNES

AQUARELLES, PASTELS, DESSINS

GRAVURES

Mᵉ F. LAIR-DUBREUIL

COMMISSAIRE-PRISEUR

CATALOGUE

DES

TABLEAUX

ANCIENS ET MODERNES

DES ÉCOLES

Flamande, Française, Hollandaise et Italienne

AQUARELLES — PASTELS — DESSINS

Dont la Vente aux enchères publiques aura lieu

HOTEL DROUOT, SALLE N° 7

LE MARDI 18 JUIN 1912

A DEUX HEURES

PAR LE MINISTÈRE DE

Me F. LAIR-DUBREUIL, COMMISSAIRE-PRISEUR, 6, rue Favart

EXPOSITION PUBLIQUE

Le Lundi 17 Juin 1912, de 1 heure 1/2 à 6 heures

CONDITIONS DE LA VENTE

Elle sera faite au comptant.

Les adjudicataires paieront *dix pour cent* en sus des enchères.

L'exposition mettant le public à même de se rendre compte de l'état et de la nature des objets, aucune réclamation ne sera admise une fois l'adjudication prononcée.

Paris. — Imp. de l'Art, Ch. Berger, 41, rue de la Victoire.

DÉSIGNATION

AMBERGER (Genre de)

1 — *Portrait d'Homme avec fourrure.*
Bois.

BEGYN (Attribué à)

2 — *Marché aux bestiaux.*
Toile.

DE BLÈS

3 — *Le Baptéme du Christ.*
Bois.

BONINGTON (Genre de)

4 — *Château fortifié.*
Toile.

BOTH (Genre de)

5 — *Paysage, lac, figures et animaux.*

BOUCHER (D'après Fr.)

6 — *Vénus et les amours.*

Dessin à la sépia.

BRAUWER (Genre de)

7 — *Intérieur de cabaret.*

Bois.

BREUGHEL (Attribué à F.)

8-9 — *Paysage avec monuments et ruines.*

Deux pendants sur cuivre.

CHATEL (Genre de DU)

10 — *La Nuit à Valpurgis.*

Bois.

CLOUET (École de)

11 — *Portrait présumé du duc de Guise.*

COROT (Genre de)

12 — *Sous bois.*

Toile.

COURBET (Attribué à)

13 — *Bord de rivière.*

Toile.

CURTIS

14 — *Paysage, soleil couchant.*
Toile.

DIAZ (Genre de N.)

15 — *Le Printemps.*
Bois.

DIAZ (Genre de N.)

16 — *Baigneuse.*
Toile.

DIÉTRICH (Genre de)

17 — *Intérieur de temple.*
Panneau.

DOW (D'après Gérard)

18 — *Le Violoniste.*
Bois.

DUSART (Attribué à C.)

19 — *Le Marchand de poissons.*
Toile.

ÉCOLE ANGLAISE

20 — *Le Désaccord.*
Bois.

ECOLE FLAMANDE

21 — *Moine.*

Toile.

22-23 — *Fumeur et Buveurs.*

Deux petites peintures sur panneau.

24 — *La Veillée.*

Panneau.

25 — *Portrait de Femme.*

Bois.

26 — *Portrait de Femme à collerette et corsage à manches crevées.*

Toile.

27 — *L'Adoration des Mages.*

Bois.

28 — *La Marchande de poissons.*

Grande toile.

ÉCOLE FRANÇAISE

29 — *Portrait de Fillette, appuyée sur un livre.*
Toile.

30 — *Femme tenant un chien dans ses bras.*
Pastel.

ÉCOLE FRANÇAISE

31 — *Portrait de Femme, coiffée d'un bonnet.*
Bois.

32 — *Portrait de Femme, tenant un médaillon.*
Pastel.

33 — *Portrait d'Homme en costume bleu, brodé d'or.*
Toile.

34 — *Allégorie de l'Automne.*
Toile.

35 — *Coin de parc.*
Panneau.

36 — *Paysage avec deux personnages au premier plan.*
Toile.

37 — *Épisode romain.*
Toile.

38-39 — Deux dessins au crayon noir et sanguine.

ÉCOLE HOLLANDAISE

40-41 — *Danse au cabaret.*
Deux pendants.
Bois.

ÉCOLE HOLLANDAISE

42 — *La Fileuse.*

   Toile.

ÉCOLE HOLLANDAISE (xviie siècle)

43 — *Portrait d'Homme.*

   Toile.
   Cadre en bois sculpté.

ÉCOLE ITALIENNE

44 — *Sainte Famille.*

   Grande toile.

45 — *Le Jugement de Pâris.*

   Grande toile.

46 — *Le Bon Samaritain.*

   Grande toile.

47 — *Paysage : la Rentrée du troupeau.*

   Toile.

48 — *La Mort de la Vierge.*

   Bois.

49 — *Sainte Madeleine.*

   Cuivre.
   Cadre en bois sculpté.

ÉCOLE ITALIENNE

5o — *Sainte Martyre.*
>
> Toile.
> Cadre en bois sculpté.

5i — *La Nativité.*
>
> Toile.

52 — *Portrait de Femme en corsage de satin blanc et écharpe bleue.*
>
> Toile.
> Cadre en bois sculpté.

53 — *Portrait de Femme lisant.*
>
> Toile.

54 — *L'Enfant et l'agneau.*
>
> Bois.

55 — *Femme apprenant à lire à un enfant.*

56 — *L'Adoration des Bergers ; au-dessus, le Père éternel entouré d'anges.*

57 — *Sujet religieux.*
>
> Grande toile.

58 — *Apparition des anges à la Sainte-Famille.*
>
> Toile.

ÉCOLE MODERNE

59 — *Cour de ferme.*
   Toile.

60 — *L'Ancienne grange de la Ronce, Ville-
   d'Avray.*
   Toile.

ÉCOLE DE SIENNE

61 — *Vierge et Enfant.*
   Bois.

FAURON

62 — *Le Mendiant.*
   Toile.

FRANCK (Le Vieux)

63 — *Guerres d'Alexandre : Scène de combat.*
   Bois.
   Cadre en bois sculpté.

GREUZE (D'après)

64 — *Portrait de Jeune Fille.*
   Toile.

GROBON (F.-F.)

65 — *Etretat.*
   Toile.

GROLIG

66 — *Paysage d'Orient avec Forteresse*
Carton.

DE HEEM (Genre de)

67 — *Nature morte.*
Toile.

HUET (J.-B.)

68 — *Chèvres : Étude.*
Dessin plume et sépia. Signé et daté.

HUYSUM (Van)

69 — *Nature morte : fruits.*
Toile signée

HUYSMANS (Attribué à)

70 — *Paysage avec figures.*
Toile.

LANÇON

71 — *Études de Lions.*
Trois eaux-fortes.

LARGILLIÈRE (École de)

72 — *Portrait d'un Magistrat.*
Toile sans cadre.

LEYS (Genre de)

73 — *Officier et dame dans un intérieur.*
Bois.

MAES (Genre de)

74 — *Portrait d'Homme.*
Toile.

MASSON (E.)

75 — *Sous bois.*
Toile.

MICHAUD (Attribué à Th.)

76 — *Port de mer.*
Bois.

PALAMÈDES (Genre de)

77 — *La Partie de musique.*
Bois.

PATEL (Genre de)

78 — *Architectures.*
Panneau.

PETIT (L.)

79 — *La Rentrée du troupeau.*
Toile. Signée et datée.

POTTER (D'après)

80 — *Le Taureau.*
  Toile.

RAVENSTEIN (Genre de)

81 — *Portrait d'Homme avec collerette.*
  Bois.

REMBRANDT (École de)

82 — *Les Apprêts du martyre.*
  Bois.

RIGAUD (Genre de)

83 — *Petit portrait d'Homme.*
  Toile.

RAPHAEL (D'après)

84 — *La Vierge, l'Enfant Jésus et saint Jean-Baptiste.*
  Bois.

ROUSSEAU (Genre de Th.)

85 — *Sous bois.*
  Bois.

SCHALKEN (Genre de)

86 — *Joyeuse compagnie.*
    Bois.

87 — *Le Martyre.*
    Bois.

SIMPSON

88 — *Le Quai Vert à Bruges.*

SNAGERS

89 — *Bord de canal en Hollande.*
    Toile signée.

SNYDERS (Genre de)

90 — *Renard et poule.*

STEEN (D'après Jean)

91 — *L'Ivresse.*
    Panneau.

STORCK (Attribué à)

92 — *Marine.*
    Toile.

TENIERS (École de David)

93 — *Kermess.*
    Toile.

TENIERS (D'après)

94 — *Intérieur d'Auberge.*

95 — *La Partie de cartes.*
Toiles.

VERBŒCKHOVEN (Attribué à)

96 — *Animaux au pâturage.*
Bois.

VERCHAIN (Louis)

97 — *Un Coin du lac Daumesnil.*
Aquarelle.

VERCHAIN (Louis)

98 — *Paysage : le Pont de l'Isle-Adam.*
Aquarelle.

99 à 101 — Deux gravures, d'après CALLOT, et une gravure, d'après TROYON.

102 — Tableaux omis.

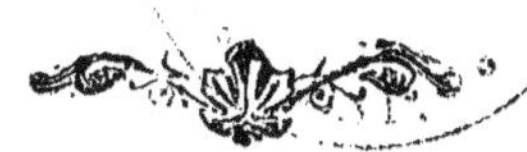